...ON INTERPARLEMENTAIRE

XVIIe CONFÉRENCE. — GENÈVE, 18–20 SEPTEMBRE 1912.

Limitation des charges militaires et navales

Discours prononcé à l'appui du rapport et de la proposition distribués à la Conférence par M. d'Estournelles de Constant, au nom de la Commission chargée d'étudier la question et composée de MM. d'Estournelles de Constant (France), Président-rapporteur, Conrád Hauss- mann (Allemagne), Paul Milioukoff (Russie), Lord Weardale (Grande-Bretagne).

Messieurs,

Nous savons tous par expérience que, plus une vraie réforme s'impose, plus il est recom- mandé par la prudence parlementaire de ne pas se presser de la discuter ni même de la préparer. Il est toujours trop tôt ou trop tard pour en parler ; ce n'est jamais le jour. Pour bien des motifs, dont plusieurs sont d'ailleurs très respectables, cette règle s'applique par excellence et dans tous les pays à la limitation des dépenses navales et militaires ; les révolutionnaires et les anarchistes peuvent seuls s'en affranchir, puisqu'ils bravent indistinctement toutes les lois, mais un homme d'ordre, un bon citoyen, un patriote se disqualifie si, tout en se gardant de la moindre exagération, il a l'audace de faire appel à la conscience et à la raison dans son pays, s'il ose mettre en doute ce dogme indiscuté de l'hygiène gouvernementale moderne : « Plus un Etat s'épuise en dépenses improductives, plus il est fort ».

Il nous faut donc, Messieurs, prendre notre parti des sarcasmes ou des regrets ou du silence dédaigneux ou même des blâmes qui nous attendent au retour, si nous posons ici, une fois de plus, la question de la limitation ; je vous prie de croire, en tous cas, que votre rapporteur ne se fait pas la moindre illusion et n'a pas escompté par avance les félicitations qu'il pourra recevoir, en rentrant chez lui, pour son insistance à vous présenter le résultat des travaux de la commission que vous aviez constituée, il y a deux ans. Cette commission pourtant n'a pas cessé d'exister, elle n'a pas changé d'opinion, elle est restée unanime, et c'est en son nom que je viens aujourd'hui, en 1912, vous prier, comme j'en avais déjà le mandat l'an dernier, de renouveler le vœu adopté par la Conférence de Londres en 1906. Vous vous rappelez ce vœu, ainsi conçu :

« La Conférence interparlementaire de Londres, considérant que l'accroissement des dépenses navales et militaires qui pèsent sur le monde est universellement reconnu comme intolérable, émet formellement le vœu que la question de la limitation des armements soit inscrite au programme de la prochaine conférence de La Haye.

« La Conférence décide que chaque groupe faisant partie de l'Union interparlementaire saisira sans délai de cette résolution le Gouvernement de son pays, et qu'il exercera son action la plus pressante sur le Parlement auquel il appartient, pour que la question de la limitation soit l'objet d'une étude nationale nécessaire au succès ultérieur de la discussion internationale. »

Votre commission vous propose de maintenir intégralement le texte de ce vœu de 1906, puisque la situation, loin de changer, s'est plutôt aggravée, et d'y ajouter la déclaration suivante :

« La XVIIe Conférence interparlementaire constate que le problème de la limitation des armements n'a pas cessé de s'imposer depuis six ans aux préoccupations des Gouvernements et des peuples ;

« Que la rivalité des armements menace de provoquer une crise économique des plus graves pouvant amener des conséquences profondément troublantes pour la paix sociale ;

« Et qu'il est par conséquent urgent et du devoir solidaire des Gouvernements de saisir la première occasion possible pour discuter les conditions dans lesquelles cette rivalité pourrait prendre fin.

« Elle invite les groupes à ne manquer aucune occasion, notamment lors de la discussion du budget, de soulever la question, en invitant les Gouvernements à entreprendre, sans plus de retard, les études nécessaires pour aboutir, soit séparément, soit par des accords internationaux, à la réalisation du vœu émis à deux reprises par leurs conférences de La Haye. »

Vous me permettrez, Messieurs, d'exposer devant vous pourquoi mes honorables collègues des Parlements Allemand, Britannique, Russe et moi, membre du Sénat Français, nous étions prêts à vous présenter ces motions, en 1911, à la veille de la conférence qui devait se tenir à Rome, et pourquoi nous les reprenons aujourd'hui sans y rien changer, en dépit et en raison même des circonstances savamment exploitées qui ont jeté le désarroi dans l'opinion. On a pu croire, en effet, disent nos adversaires, que l'arbitrage était en progrès et qu'une grande guerre Européenne devenait de plus en plus improbable, mais cette illusion est passée de mode, on croit de nouveau à la guerre ; nos efforts ne sont que des tentatives dérisoires, pour ne pas dire démoralisantes ; la persistance de notre optimisme est ridicule ; nous avons contre nous les Gouvernements, l'opinion, la presse ; à l'appui des augmentations d'armements on nous oppose sans discussion le dernier conflit franco-allemand, l'affaire du Maroc, la guerre italo-turque, l'occupation de la Bosnie, le Panama-Bill, la révolution au Mexique, en Chine, les relations anglo-allemandes, la guerre imminente partout.

La guerre n'est imminente, Messieurs, que si nous la voulons bien, si notre faiblesse la prépare. C'est nous et nous seuls qui en serons responsables, car aucune guerre actuelle n'est possible sans le concours, sans la complicité des Parlements.

Je m'inscris en faux, délibérément, aujourd'hui comme hier et comme il y a dix ans, contre les misérables sophismes, ou les erreurs, ou les mensonges que l'on invoque en faveur de la surenchère des dépenses navales et militaires. Partout cette surenchère est un fait, et un fait qui crève les yeux, mais c'est un fait détesté, condamné et qu'aucun homme dans sa conscience ne peut justifier. Je précise.

Les Gouvernements, il est vrai, proposent et font voter par les Parlements, le plus souvent aveuglément et à la hâte, sans débat sérieux, les augmentations de dépenses ; chacun d'eux le fait-il par conviction ? Je n'en crois rien ; chacun le fait pour faire comme les autres, par faiblesse. J'ai vainement essayé de protester devant le Parlement de mon pays ; j'ai toujours été battu ; je me suis politiquement fait tuer plusieurs fois de suite à la tribune, ou pour mieux dire, selon le mot charmant d'un de mes collègues, « je me suis rendu inutilisable » ; et c'est souvent ce qui arrive quand on se contente d'être utile. Mais, pour qui regarde plus haut qu'un succès politique ou personnel, ces échecs répétés n'ont pas été perdus ; je dirai même qu'ils ont été une préparation nécessaire ; la question est trop grave vraiment pour qu'un Gouvernement et un Parlement, —

surtout dans un pays qui porte au cœur le souvenir de ses désastres avec la volonté de les réparer, — puissent se laisser convaincre si facilement. J'ai plus d'estime que de rancune à l'égard de mes adversaires de bonne foi ; leur résistance les honore mais je suis loin de les croire irréductibles ; partout, dans tous les pays, leur confiance dans les surenchères de la paix armée est atteinte ; l'un d'eux, — et je ne parle que des chefs, — l'un d'eux me félicitait dans les couloirs du Sénat, comme je descendais de la tribune : « vous devriez me féliciter tout haut », lui fis-je observer, et il me répondit : « je n'ose pas ! »

C'est le mot, c'est le scrupule non pas seulement de la faiblesse mais d'une âme meurtrie, défiante à bon droit, et qui se refuse à courir un risque trop grave pour la patrie, pour la paix même.

Quoi qu'il en soit, si je rapproche ce mot de tant d'autres confidences que j'ai reçues, je ne puis admettre que tous les Gouvernements, tous les Ambassadeurs soient partisans de la folie des accroissements d'armements ; je les crois au contraire inquiets, troublés, prêts à se rallier demain à un accord, si on pouvait y arriver, ou à une solution rassurante, comme ils ont accepté en 1898 déjà de se rendre à la première conférence de

La Haye, dite du désarmement, comme ils ont reconnu ensuite le bienfait de ces conventions de 1899 et 1907, dont on se moquait, comme ils ont réglé juridiquement les conflits de Dogger-Bang, de Casablanca, de Terre-Neuve et combien d'autres qui ont mis aux prises la Russie, la Grande Bretagne, l'Allemagne, les Etats-Unis ; comme on a vu la France et l'Allemagne même s'engager, par la convention du 4 Novembre dernier, à régler pacifiquement leurs futures et inévitables contestations.

Les Gouvernements suivront l'opinion qui est avec nous, de plus en plus. Je l'affirme parce que j'en ai la preuve ; je l'ai cherchée et je l'ai trouvée, non seulement dans les conséquences incalculables du progrès des communications et de la science, mais dans l'invariable faveur qui a toujours, dans tous les pays, accueilli et encouragé mes campagnes pour la limitation ; je n'ai évité aucun terrain, aucun milieu, si peu préparé qu'il pût être, pas plus à l'ouest qu'à l'est, au nord ou au centre de l'Europe et de l'Amérique, en commençant par mon pays même, par ma commune, par mon canton, mon arrondissement, mon département. J'aurais été arrêté cent fois, et dès le début, dans mes conférences innombrables, si elles n'avaient pas été d'accord avec le sentiment profond, avec la dignité

comme avec les aspirations et les intérêts
des peuples. Chacun aujourd'hui, de lui-même,
s'éveille à la vérité, ouvre les yeux, découvre
ce que nos pères ne pouvaient que soupçonner ;
la guerre a perdu son prestige, sa raison
d'être, ses brillants côtés ; elle a cessé d'être
un remède, et, quand on croit qu'elle a été
une solution, on s'aperçoit qu'elle est toujours
à recommencer. On n'en veut plus, non
par lâcheté, mais par raison. Jamais les
peuples, petits ou grands, n'ont été plus
résolus et mieux préparés à repousser un
agresseur. Jamais les hommes n'ont été plus
entreprenants, plus intrépides que de nos
jours ; je ne le vois que trop en France où
tant de jeunes gens, presque chaque jour,
donnent avec joie leur vie à l'aviation, aux
explorations coloniales ; mais ces mêmes
jeunes gens et les foules qui les acclament,
s'ils sont prêts à mourir demain pour la
patrie menacée, pour une idée, pour la
liberté, pour un progrès, ne laisseront plus
un Gouvernement sacrifier l'avenir de leur
pays à la légère. C'est par patriotisme et par
conscience qu'ils méprisent aujourd'hui les
fanfaronnades et les vaines querelles.

Nous n'en voyons pas moins, m'objec-
tera-t-on, éclater des guerres secondaires,
des guerres qui n'en sont pas mais qui
justifient cependant les protestations les plus

naturelles. C'est qu'il ne s'agit pas de la vraie guerre, la guerre qui met aux prises deux États de même civilisation ; c'est qu'il s'agit d'opérations où la violence est employée, — à tort ou à raison, — contre le désordre, en faveur de l'ordre, pour éviter des complications inextricables, et finalement au bénéfice ou sous le prétexte de la paix.

C'est cette guerre, réduite aux proportions d'une opération de police, que l'opinion accepte avec plus ou moins d'enthousiasme chez les uns, de résignation chez les autres, mais ce n'est plus la grande guerre, la guerre telle qu'on la vantait encore au siècle dernier et qui dépasserait aujourd'hui, avec les stupéfiantes ressources de l'invention moderne, l'horreur de tout ce que nous avons connu de dévastation volontaire dans le passé. Cette guerre de dévastion, funeste au commerce, à l'agriculture, au travail, à l'art, à la science, danger pour le monde entier, y compris pour les Gouvernements, et surtout pour les Gouvernements monarchiques, l'opinion ne la veut plus, ne la conçoit plus.

Mais cette opinion qui ne veut plus de la guerre, comment la connaître ? où est-elle ? comment se fait-elle entendre des Gouvernements ? quels sont ses interprètes ? — L'administration ? elle sert le Gouvernement plus qu'elle ne le renseigne. Le Parlement ? certes, les élections sont assez significatives, quand on peut les expliquer impartialement ; elles sont partout une protestation contre la vie chère, contre l'accroissement des charges improductives, contre les abus qui mènent un Etat à la révolution et à la ruine ; où sont les élections qui permettent de croire qu'un peuple préfère la guerre à la paix ? Chaque élu devrait être, au reste, l'organe du peuple, à la condition que l'élu ne perde jamais le contact avec ses mandants ; mais voici que l'on nous dénonce ce contact comme une tare du régime parlementaire, et, dès lors, que reste-t-il pour interpréter l'opinion ? les journaux ! Voilà le dernier terme du problème.

Les Gouvernements et l'opinion sont pour la paix mais un certain nombre de journaux sont pour la guerre. Cela suffit pour tout gâter. Laisserons-nous ces journaux représenter seuls toutes les nuances de l'opinion ? Résultat paradoxal, cette opinion si pacifique ne s'exprimerait que par une minorité de journaux qui ne vivent qu'en exploitant les nouvelles sensationnelles et en suscitant des conflits. Ces journaux ne représentent rien qu'eux-mêmes, avec des intérêts financiers et industriels infimes par rapport à l'intérêt général, et cependant on n'entend qu'eux ; ils réclament impérieusement des commandes

d'armements et des augmentations de crédits ;
pour justifier leurs exigences, ils suscitent
chaque jour une alarme, ils allument la fièvre
nationale, ils agissent sur la bourse, sur le
Gouvernement, sur la foule et, par là, sur le
Parlement, sans que le peuple s'en soucie
tout d'abord, sans qu'il y prenne garde, en
tous cas, sans qu'il puisse même réagir, car
il finit, un jour ou l'autre, par être dupe des
informations mensongères et des paniques
dont il ne connaît pas la source. Quelques
journaux ainsi dans tous les pays suffisent à
souffler chaque matin la haine, la menace de
peuple à peuple et, à force d'annoncer la
guerre, finissent par y faire croire et par la
faire envisager comme une fatalité inéluctable.
Ainsi se crée l'atmosphère nécessaire à
l'accroissement des dépenses de la paix
armée, ainsi se crée, à la fin, le casus belli.
C'est ce qui s'est passé notamment aux
Etats-Unis lors de la dernière guerre avec
l'Espagne ; je l'ai constaté ; le Gouvernement
du Pt Mc-Kinley ne voulait pas de la guerre,
pas plus qu'on n'en voulait à Madrid ; les
négociations pour la paix étaient près
d'aboutir, il ne restait qu'à ménager, de part
et d'autre, les amours-propres ; la guerre
n'en a pas moins éclaté, malgré tout ; elle a
été allumée délibérément par des journaux
que chacun connaît, et c'est depuis lors qu'on

a pu dire et qu'on répète couramment : « la prochaine guerre sera déclarée par la presse. »

S'il en est ainsi, si les Gouvernements ne veulent pas plus la guerre que les peuples, admettrons-nous, Messieurs, nous, représentants des peuples, que la guerre continue à pouvoir être déclarée contre les Gouvernements, contre les peuples, au seul profit de quelques journaux ? Abdiquerons-nous au point de laisser complaisamment préparer sous nos yeux les catastrophes que nous avons pour mission primordiale de conjurer ? S'il en est ainsi, ne soyons pas surpris qu'une telle impuissance, équivalant à la faillite, contribue à la crise générale du régime parlementaire dans le monde, et préparons-nous à rétrograder et dans la honte et dans le sang.

La vérité est que si chaque Parlement voulait, si, dans chaque Parlement, chaque élu voulait prêter l'oreille, non au journal qui le menace, mais à l'électeur qui compte sur lui, les Gouvernements connaîtraient mieux le sentiment et la volonté du pays. Ils sauraient qu'en dépit des apparences une évolution rassurante s'accomplit dans l'opinion et qu'ils se discréditeront, comme les parlementaires eux-mêmes, à proportion de l'influence qu'ils laisseront les mauvais journaux prendre sur eux. La presse a lassé par

l'excès de ses abus la crédulité du lecteur ;
qu'elle y prenne garde à son tour : ses atta-
ques sont en train de devenir une recomman-
dation. De cela aussi j'ai la preuve. La vérité
est que l'opinion aspire à des informations
exactes ; elle se sent intoxiquée ; la même
campagne qui se prononce contre l'alcool et
qui réussit déjà dans les pays jeunes, réussira
bien davantage contre les ravages de la
presse ; on a vu les buveurs se mettre à boire
de l'eau ; les lecteurs dégoûtés en viendront
d'eux-mêmes, ils en viennent déjà à lire des
journaux qui ne les empoisonnent pas. Le
journal véridique est le journal de l'avenir,
il sera à la fois une bonne action et une bonne
affaire, dans tous les pays.

En attendant cet âge d'or, dans un avenir
moins éloigné qu'on ne pense, l'histoire elle-
même vient à notre aide. Elle a montré assez
longtemps les brillants côtés de la guerre ;
elle nous a montré la guerre utile, indispen-
sable, bienfaisante, la guerre inévitable. Mais
voici que nous découvrons que la plupart des
guerres inévitables auraient pu être évitées
et que les guerres soi-disant utiles n'ont servi
à rien ! Les générations nouvelles sont lasses
des histoires trop officielles ; elles cherchent
jusque dans le passé la vérité. La géographie,
les voyages ne les instruisent pas moins.
Pour ne citer qu'un seul exemple dans le

présent, on a coutume d'invoquer, en Europe, à l'appui des demandes d'augmentation de crédits pour la marine et pour l'armée, la guerre inévitable entre les Etats-Unis et le Japon, guerre qui déchaînera une conflagration générale. Je me suis rendu, l'an dernier, aux Etats-Unis, sur la côte du Pacifique, dans les Etats de Californie, de Washington et de l'Oregon, pour mesurer la gravité du danger : j'ai constaté qu'il n'existait pas, que personne, à l'exception toujours de quelques journaux à scandale, ne croyait et encore moins ne voulait la guerre soi-disant inévitable. J'ai déjà publié mes preuves sur ce sujet dans des journaux impartiaux, — il en existe heureusement, — et aux Etats-Unis et au Japon et en Europe ; personne ne les a contredites. Mais laissons la géographie et le présent ; prenons dans l'histoire deux grandes dates, 1812 et 1815, dont la première vient d'être célébrée solennellement en Russie et dont la seconde le sera bientôt par les Etats-Unis et la Grande Bretagne. Empêchera-t-on ces deux centenaires d'éclairer les consciences et de révéler aux générations présentes la vérité insoupçonnée de leurs devancières ?

1815 ? J'ai cité dans mon rapport les traités qui, après quarante années d'hostilités, ont mis fin à la révolution et à la guerre, non par la limitation mais par le désarmement complet, définitif, — car il dure depuis cent années, — entre deux grandes puissances auparavant irréconciliables, et qui se touchent par 5.000 kilomètres de frontières, sans un canon de part et d'autre pour se défendre. Où trouvera-t-on un exemple plus saisissant, plus décisif ? On avait connu jusqu'ici la guerre et non la paix de cent ans ! N'est-ce rien qu'un tel changement dans l'histoire ?

Le centenaire de la campagne de Russie sera plus éloquent encore, car aucun discours officiel n'en atténuera la sanglante dérision. Des centaines de milliers de jeunes gens ont été prélevés sur ce qui restait de la jeunesse française et versés avant l'âge, à dix-huit ans, à dix-sept ans, dans la grande armée, pour aller, sans entraînement, porter jusqu'à Moscou et, au besoin, jusqu'aux Indes, les aigles impériales ; c'est la fleur d'un pays fauchée, anéantie avant l'heure, sans profit, sans but, pour rien. Non, pour pire encore ! pour revenir, et dans quel état ! réduits à quelques milliers seulement, ne rapportant dans leurs foyers abandonnés que des menaces de représailles, suivis des armées ennemies qui, à leur tour, mettent la France et l'Europe à feu et à sang ! Guerre inévitable ? guerre utile ? non ; guerre inutile, guerre funeste à tous. Mais telle n'était pas la vérité officielle ; aussi la même guerre, moins de

cinquante ans après, recommençait, en Cri-
mée. A la fin pourtant les deux Gouvernements ont reconnu leur erreur, ils ont cessé
d'être ennemis, ils sont alliés. Que n'ont-ils
commencé plus tôt, diront les peuples. Et
qui donc aujourd'hui prendra la responsabi-
lité de renouveler ces hécatombes dont l'histoire tardive aura fait justice ?

J'en ai dit assez, Messieurs, pour motiver
la persistance de votre commission dans ses
conclusions. Ceux qui croient la limitation
chimérique, ceux qui désespèrent si bien de
trouver la solution du problème, qu'ils
n'essaient pas de la chercher, nous demande-
rons de leur rapporter cette solution toute
prête.

Nous n'avons pas la présomption, nous
n'avons même pas le droit d'apporter ici une
solution qui, malgré nos meilleures intentions, quelle qu'elle soit, serait une atteinte
portée par une assemblée irresponsable à la
souveraineté des Etats ; non, nous réclamons
une étude. Le moment est venu de l'entreprendre simultanément dans tous les pays.

Le problème comporte, en effet, autant de solutions distinctes qu'il existe d'Etats indépendants. Que chacun examine quel est l'intérêt supérieur et par conséquent le devoir de son pays et qu'il ne craigne pas de dire bien haut quel est cet intérêt, quel est ce devoir. J'ai le droit, Messieurs, de parler ainsi, car j'ai dit, à maintes reprises, au Parlement Français, ce que je croyais et ce que je crois plus que jamais. Je l'ai dit au mépris de mes intérêts, mais à la grande satisfaction de ma conscience. Je me suis gardé de gémir ; les jérémiades n'ont jamais persuadé personne ; je ne me suis pas borné à déplorer vaguement l'excès de nos dépenses navales et militaires ; j'ai bien limité mon action ; j'ai voté la plupart des crédits qui m'étaient demandés ; j'en ai même réclamé de nouveaux pour l'aviation que je considère comme une ressource inespérée en faveur de la paix, quel que soit le département ministériel qui en paie les frais ; j'aurai l'occasion de m'expliquer sur ce point devant la conférence quand je combattrai la motion tendant à interdire l'usage de l'aéroplane en cas de guerre ; j'ai fait porter tout mon effort sur le gaspillage d'argent et de forces que nous coûtent, comme à la Russie, comme à l'Allemagne, comme aux Etats-Unis et comme à d'autres, la construction des super-Dreadnoughts, et j'ai dit : « vous pouvez économiser cent millions par an, des milliards, à la longue. » Telle est, à mon sens, la méthode. Que chacun de nous cherche dans son pays d'abord, dans les commissions dont il doit faire partie, comme j'en fais partie, — commissions du budget, grandes commissions, groupes permanents ou accidentels, — dans quelle mesure, par quels moyens il peut cesser d'augmenter ses armements puis les limiter sans compromettre sa sécurité, sans encourager ses voisins dans une politique d'agression ; cela fait, l'entente internationale se fera d'elle-même ou, pour mieux dire, elle sera faite, tout le monde l'ayant préparée. Il est trop commode, en effet, d'attendre toujours la limitation des autres, en la déclarant d'ailleurs impossible, trop commode d'attendre pour s'arrêter que les autres aient donné l'exemple, trop commode, en un mot, de pratiquer la politique des moutons de Panurge. Il faut s'arrêter soi-même, au point où l'intérêt supérieur et du pays et de la paix nous commandent de nous arrêter. Que chacun de vous, Messieurs, fasse ce que les membres de votre commission et beaucoup d'autres heureusement de nos collègues ont fait chez eux. C'est le commencement de la fin ; c'est la seule méthode qui permette d'aboutir à un résultat positif. Tout le reste n'est qu'agitation stérile ou rêverie.

D'Estournelles de Constant.

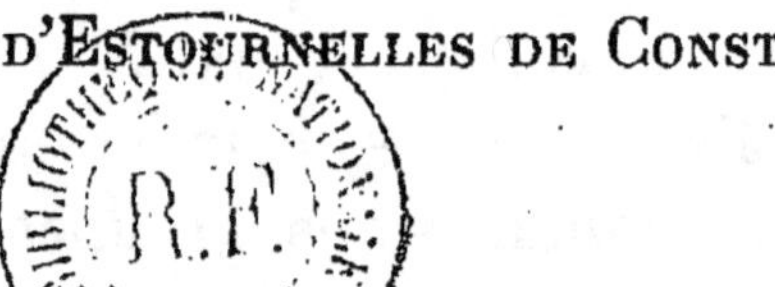

AU ROI.

LE

CRI DU PEUPLE,

PAR UN PATRIOTE.

Bientôt ils vous diront que les plus saintes lois,
Maîtresses du vil peuple, obéissent aux rois.

PARIS,

Chez l'AUTEUR, rue Montmartre, n° 20, et chez tous les
Libraires.

1824.

AU ROI.

LE CRI DU PEUPLE.

SIRE,

Dans un gouvernement constitutionnel dont le code fondamental a reçu la sanction d'une longue suite d'années, la mort d'un roi ne produit que très-peu de sensation. S'il est regretté, c'est comme homme. On ne s'enquiert guères de son successeur ; il n'inspire ni espérances, ni craintes. On sait qu'il ne peut toujours gouverner que d'après les lois fondamentales, et dans un gouvernement bien et solidement constitué, ces lois ne meurent pas.

Mais quand, par un commencement d'existence trop récent, et par des oscillations plus récentes encore, le code constitutif paraît ne pas être irrévocablement fixé, alors les intérêts qu'il était destiné à accorder restent en présence, et s'observent réciproquement. Chacun d'eux cherche à influencer à son avantage les premiers actes du nouveau règne. Le monarque devient le point de mire de tous les partis ; il est circonvenu, pressé par toutes les ambitions. C'est alors qu'il lui importe, ou jamais, de connaître l'opinion nationale, et qu'il doit faire pour y parvenir d'autant plus d'efforts qu'on la lui peint sous des couleurs plus diverses, qu'on s'efforce d'avantage de la lui déguiser.

Sire, l'opinion est le régulateur des gouvernemens représentatifs, ils doivent donc s'attacher à la suivre pas à pas. Dans un gouvernement despotique, on s'enquiert peu de ce que le peuple pense. Qu'a-t-on besoin de savoir son opinion, puisque le parti est pris de ne pas s'y conformer? Quelquefois pourtant elle se révèle d'elle-même comme la foudre, et tue par son explosion.

Qu'il me soit permis de féliciter ici ma patrie du mode de gouvernement qui la régit; de ce mode de gouvernement qui fait à l'écrivain patriote un devoir de porter la voix du peuple au pied du trône; par lequel, ce qui ailleurs serait un motif de persécution et de haine devient un titre à l'estime du prince et à la reconnaissance des citoyens.

Si jamais la voix d'un peuple pût être appelée la voix de Dieu, c'est celle du peuple français au dix-neuvième siècle, éclairé par trente années de calamités et de succès, d'erreurs et de gloire, non moins que par les lumières toujours croissantes de la civilisation.

Sire, j'ai cherché à connaître ce qui se pensait, ce qui se disait dans toutes les classes : j'ai interrogé le vœu du cultivateur au fond des provinces, celui du propriétaire dans toutes les parties de la France, celui de l'artisan de nos villes manufacturières; j'ai interrogé de plus près l'opinion du peuple plus instruit de la capitale : voici ce que j'ai recueilli.

Sire, c'est la France rajeunie que vous êtes appelé à gouverner : vous ne l'ignorez pas; mais les conseillers qui entourent le trône depuis quelques années, semblent trop l'avoir oublié. La France, dans l'intervalle de quelques années, a avancé de plusieurs siècles en civilisation. Elle ne l'a pas fait sans secousse : elle a acheté les avantages de son état constitutif par bien des calamités; mais enfin les malheurs ont passé : les avantages seuls sont restés, en partie, et elle y tient d'autant plus qu'il lui en a coûté davantage pour les acquérir.

Sire, les principaux avantages acquis au peuple par la révolution, ont été déposés dans la Charte, comme dans l'arche sainte, d'où nulle puissance humaine n'avait le droit de les retirer. Et certes, ceux dont les intérêts, les amours-propres s'étaient opposés à la conquête de ces avantages, ont été assez généreusement, assez libéralement dotés dans ce pacte d'alliance. Leurs vanités, leurs intérêts n'y ont pas été oubliés. Le peuple ne s'en est pas plaint, persuadé qu'ils se trouveraient satisfaits de ces concessions déjà grandes, et, jusqu'à un certain point, peut-être!

contraires à sa dignité. Il n'en a pas été ainsi. Le peuple s'en inquiète : il a conçu des alarmes sur son avenir; non qu'il ait le moindre doute sur l'inutilité finale des efforts de ses adversaires, mais il craint de se voir passagèrement livré encore à de nouveaux malheurs.

Sire, la Charte a conservé la noblesse, mais sans prérogatives. De cet instant la noblesse cessa d'être aristocratique par la Charte, comme elle avait cessé d'être aristocratique, comme elle avait cessé d'être *noble* même, par toutes les constitutions qui se succédèrent en France dans l'espace de vingt-cinq ans.

L'aristocratie fut circonscrite dans la Chambre des Pairs, elle ne peut exister ailleurs.

La noblesse ne conserve donc aucun privilége dans le gouvernement de l'État.

D'un autre côté, la Charte porte : « Les Français sont tous également admissibles à tous « les emplois civils et militaires. »

Et cependant, Sire, tous les emplois de quelqu'importance sont donnés à des nobles. Pour s'en convaincre, on n'a qu'à ouvrir un almanach des employés civils et militaires: on en trouvera plus de la moitié dont le nom est précédé d'un *De.* Le nombre en serait proportionnellement bien plus grand encore, si l'on ne comptait que ceux qui sont entrés en fonctions depuis la restauration.

On leur a donné jusqu'aux places de percepteurs des contributions dans beaucoup de départemens.

De cet état de choses, il résulte que le talent est frustré de la récompense qu'il devait naturellement attendre ; que les citoyens sont moins bien administrés qu'ils ne devraient l'être, et qu'en outre les ministres reconstituent *de fait* l'aristocratie de la noblesse, que la Charte proscrit.

Mais, Sire, il naît de cet abus un inconvénient plus grave. Le peuple, celui des campagnes surtout, ne voit pas sans alarmes le plus grand nombre des emplois aux mains de ceux dont il s'est habitué de longue main à redouter le trop grand pouvoir.

Il se dit : Ne pouvant plus être seigneurs de la commune où ils exploitèrent jadis des abus odieux, ils s'en font nommer maires ; mais, Dieu seul sait où les conduiront un jour ces mairies-là.

Il serait donc urgent de rendre la nomination des chefs des communes, à l'élection libre de leurs habitans.

Sire, l'ancien régime est odieux à la France ; elle l'a en horreur.

Qu'y a-t-il donc à faire pour résister à cet envahissement de tous les emplois publics par une classe à laquelle la Charte n'a pas reservé de prérogatives ? une seule chose, Sire : n'accorder à qui que ce soit de faveur, qu'il ne l'ait auparavant méritée.

Sire, le peuple respecte ses pasteurs : il les aime, quand ils sont justes, bienfaisans, tolérans surtout, et étrangers à l'esprit de parti; mais, Sire, il redoute les Jésuites, il redoute les corporations monacales, sous quelque nom qu'elles se déguisent. Il craint de voir se reconstituer l'Ordre du Clergé.

Le mot de Clergé fut consacré jadis à désigner un ordre distinct, l'Ordre des ecclésiastiques ayant voix délibérative dans l'Etat. On a continué à s'en servir, après même que cet ordre eut été dissous, lorsque les ecclésiastiques ne furent plus que des citoyens égaux aux autres devant la loi. C'est un tort à mon avis : les mots finissent toujours par ramener les choses, on le sait, et on le craint.

L'auguste auteur de la Charte a dit, article 5, « Chacun professe sa religion avec une *égale* « liberté, et obtient pour son culte la même « protection. »

Et, comme si vous aviez voulu opposer une digue aux efforts qu'on fait, en beaucoup d'endroits, pour rendre illusoire cet article de notre code fondamental, vous l'avez corroboré, il y a quelques jours, de votre parole royale, en disant aux chefs du Consistoire des protestans : « Tous les Français sont égaux à mes yeux.

« Ils ont tous également droit à mon amour,
» à ma bienveillance, à ma protection. »

Sire, la liberté, et l'*égalité* des cultes ne peuvent être confirmées d'une manière plus solennelle. Et pourtant, Sire, y a-t-il égalité de fait entre les cultes, y a-t-il même pour tous une entière liberté?

Il est évident que celui qui a la liberté d'embrasser un autre culte, a celle aussi de rester dans le sien, en le modifiant à sa manière ; qu'il a le droit d'en omettre telles ou telles pratiques, puisqu'il a le droit de les rejeter toutes : qui peut le plus, peut le moins.

Il est évident encore, que si on l'en punit par des privations et des exceptions purement civiles, et non pas seulement religieuses ; si, en haine de ses opinions, on proclame son incapacité à jouir des droits et des avantages de citoyen ; si on exige de lui des certificats qui constatent l'orthodoxie de sa croyance, certificats qu'il ne peut obtenir ni ne doit demander, il est évident, dis-je, qu'il n'y a plus égalité, qu'il n'y a plus liberté même; il y a oppression.

Sire, dans la Caroline, dont le sage Loke a été le législateur, l'assentiment de sept pères de famille suffit pour obtenir à un nouveau culte la sanction de l'autorité. En est-il jamais résulté quelqu'inconvénient ?

Il y eut jadis à Athènes presqu'autant de croyances religieuses que de philosophes : Athènes en prospéra-t-elle moins ?

On entend journellement des catholiques s'écrier qu'il faut protéger la religion; mais laquelle? la leur évidemment. N'est-ce pas une demande indirecte, faite au pouvoir, d'opprimer les autres?

Ils disent que leur religion est la religion dominante; la Charte ne le dit pas : elle dit seulement qu'elle est la religion de l'État. Je ne sais pas trop ce que par là l'on doit entendre, mais je sais que dans l'application présente, les expressions *dominante* et *liberté égale* s'excluent mutuellement.

J'arrive à un point non moins important, à l'éducation des jeunes citoyens. Sire, elle a besoin d'être dirigée vers un ordre de choses libéral et républicain.

Je me hâte d'expliquer l'acception dans laquelle je prends ce dernier mot, acception la seule naturelle, la seule vraie, quoiqu'on s'en soit toujours éloigné depuis long-temps. Un gouvernement républicain est celui où la chose publique (*res publica*) est quelque chose, est tout; dont le but est la prospérité générale. Ainsi, tous les gouvernemens légitimes sont républicains: c'est Rousseau, je crois, qui le premier a émis cette idée.

C'est dans cette acception que le mot république fut toujours pris chez les anciens Romains. Leurs empereurs eux-mêmes ne parlaient que de leur dévouement à la *république*. C'était l'intérêt de la chose publique que les Tibère, les Néron invoquaient pour colorer d'un prétexte de nécessité ou de justice leurs cruautés et leurs exactions.

Dans la suite, les gouvernemens purement démocratiques, comme s'ils eussent seuls protégé la *chose publique,* prétendirent exclusivement à ce titre, qu'il est de l'honneur, de la dignité des monarchies représentatives, de revendiquer.

On peut donc appeler une monarchie, dont le gouvernement est dirigé vers la prospérité de la *chose publique,* une monarchie républicaine; et pour peindre la pensée du peuple tout entière, et fixer en même temps la signification du mot que j'emploie, je dirai que l'immense majorité de ce peuple est persuadée que le gouvernement républicain ne peut avoir lieu en France qu'à l'ombe de l'autorité monarchique.

Sire, avec le désir constant, la volonté ferme de maintenir ses libertés, peut-être de les accroître, le peuple n'a pas assez de patriotisme. Chacun voit, non la patrie, mais lui-même. L'opinion n'a de consistance que par une masse d'égoïsmes réunis vers un seul objet, marchant vers un même but. De cet état de choses, il arrive que celui qui trouve à se satisfaire dans la route, se sépare à l'instant de la grande coalition des intérêts généraux. Sire, rien n'est plus contraire à l'esprit républicain.

Cet abus naît d'une trop grande estime des richesses. Quand les richesses donnent de la considération, chacun veut devenir riche, à quelque prix que ce soit, parce que chacun veut être considéré ; et dès lors l'ignorance et la légèreté confondent deux choses bien différentes : l'opulence et la vertu.

Osons le dire, en repoussant néanmoins toute idée d'affaiblir ce respect qui doit environner de son égide même les mauvaises lois, nos lois, en n'accordant la confiance publique qu'à la fortune, ont secondé cette funeste tendance introduite par le luxe, à n'estimer que les richesses. Quoi donc ! le palais des lois serait-il comme le salon des riches? la vertu n'y pourrait-elle être admise qu'habillée d'or?

Pour remédier à ce vice de l'esprit national, il n'y a qu'à permettre l'éducation publique à la philosophie. La philosophie, Sire, ne demande que la concurrence, persuadée que la voix de la vérité et de la raison finit toujours par triompher, pourvu qu'on ne l'étouffe pas.

Sire, pourquoi l'éducation des jeunes citoyens ne serait = elle pas libre ? Pourquoi un père n'aurait-il pas la faculté de donner à ses enfans tel mode d'éducation, et tel précepteur qui lui convient. Pourquoi plusieurs pères de famille ne se réuniraient-ils pas, pour faire, à frais communs, ce que leurs facultés ne leur permettent pas de faire seuls ? On parle beaucoup du respect dû à la propriété : quelle propriété y a-t-il plus sacrée, plus chère à l'homme que celle de ses enfans ? On dira peut-être qu'on ne lui en enlève pas la propriété ? Vous regarderiez-vous comme propriétaire d'un jardin dont on viendrait façonner les arbres contrairement à vos intentions ? d'un champ où l'on semerait de l'ivraie, quand vous n'y voudriez voir germer que du froment ?

Sire, cette méthode d'un enseignement uniforme on la voudrait employer à la formation ou plutôt à l'extinction de l'esprit public des différens peuples. Un gouvernement, à peine sorti de la barbarie, voudrait les niveler tous sous un joug de fer ; et d'innombrables baïonnettes, aidées de la puissance corruptrice de l'or, sont là pour aller refouler les têtes qui tenteraient de s'élever au-dessus de la ligne qu'il leur a plu de déterminer.

Triste fruit du génie de l'homme ! Il s'est fait l'esclave de la matière à laquelle son art a donné la vie. Du fer et de la boue jaune, voilà les instrumens de son oppression !

C'est un spectacle des plus étonnans aux yeux du philosophe, que de voir une minorité presqu'imperceptible travailler à tirer son espèce de la nature pour la jeter dans un moule ; la contraindre à revêtir une livrée commune, œuvre des intérêts privés mêlés au reste de la barbarie !

Mais cette minorité oppressive, si inférieure en nombre à la majorité, lui est-elle au moins supérieure en force morale? nullement. Elle n'a ni autant de talent, ni autant d'habileté, ni autant de courage. O force de la position!

Le despotisme est jaloux de l'autorité par sa nature; il punit presque toujours, dans ses subordonnés, quand il le connaît, l'abus du pouvoir. Quelque cruel, quelqu'injuste qu'il soit, son injustice et sa cruauté s'étendent rarement à tous; elles ne pèsent guères que sur ses entours, et le peuple vit quelquefois tranquille, à l'abri du rempart que lui font les courtisans. C'est tout le contraire dans les gouvernemens où le despotisme découle des lois: depuis le premier officier de la province, jusqu'au garde champêtre, il n'est pas un seul agent du pouvoir qui ne les pressure pour en faire jaillir l'oppression.

Sire, la liberté de la presse est rendue illusoire par la faculté que vos ministres prétendent tenir des lois despotiques de l'empire, de dépouiller les imprimeurs de leurs brevets.

Les imprimeurs, dans la crainte de l'abus de cette faculté arbitraire, exercent sur la pensée des écrivains une censure plus rigoureuse, qu'elle ne l'était sous le régime des anciens censeurs.

Les ministres vous disent sans doute que la France, plongée dans l'affliction à la nouvelle de la mort de votre frère se réveille dans l'allégresse, à l'idée que vous êtes appelé à lui succéder. Sire, il y a beaucoup de vrai dans cela. Mais pourquoi ont-ils choisi ce moment pour établir la censure? pourquoi ne laissent-ils pas la France épancher ses sentimens en pleine liberté? Ont-ils craint que vous ne fussiez incommodé du concert successif de ses doléances et de sa joie? Veulent-ils que le témoignage de l'intérêt et des bénédictions publics ne vous arrivent que par leur filière, afin d'en modérer l'effet?

Sire, plusieurs dispositions de notre code pénal militaire sont dignes d'une législation de barbares.

Des hommes ont été sous le gouvernement d'un ministère impopulaire, condamnés à une peine qui était hors de toute proportion avec le délit qu'on leur imputait. D'autres ont été déportés sans jugemens authentiques sous des climats d'une chaleur dévorante. Les hommes du pouvoir ont prétendu qu'ils avaient, par je ne sais quels règlemens coloniaux, le droit de commettre ces horreurs, attendu que ceux qui en furent victimes avaient la peau un peu moins blanche qu'eux. Sire, si de tels règlemens existent, ils sont atroces : on ne peut trop se hâter de les réformer.

Sire, des Français gémissent encore dans

l'exil ; que les commencemens de votre règne ne soient que justice, générosité, pardon !

Je ne m'étendrai point sur l'état de l'agriculture et du commerce. Tout le monde sait que, quelque florissantes que soient ces deux branches de la prospérité publique, elles ne sont ni l'une ni l'autre tout ce qu'elles pourraient être. Mais il est pour le Français d'aujourd'hui un besoin plus impérieux que les simples besoins physiques, un besoin de cœur, de dignité, qui, quand il n'est point satisfait, désenchante, pour ainsi dire, par son absence, tous les avantages d'une prospérité matérielle.

Ce besoin, c'est la jouissance d'une liberté, d'une égalité civile de fait non moins que de droit. L'agriculteur peut bien se croire l'égal de l'oisif qu'il nourrit.

Quant aux changemens récemment opérés à la Charte, Sire, osons le dire, la France préfère la rédaction première, la rédaction du feu Roi, à la rédaction Richelieu, à la rédaction Villèle.

Sire, le peuple, à l'avénement d'un nouveau monarque, ne se dit pas : S'il pouvait être bien intentionné ! Il sait qu'il est toujours de l'intérêt d'un roi de bien faire ; mais il se dit : S'il pouvait échapper aux séductions de ses conseillers !

Si en général les Princes sont nécessairement peu connus du peuple avant leur avénement, telle n'est pas votre position ; Sire, vous lui êtes connu par des actes publics, par les actes qui préparèrent le règne de votre auguste frère ; par cette belle déclaration de St-Ouen , surtout ; si belle que je ne puis résister à la tentation de l'insérer ici.

Nous, Charles Philippe de France , etc.

« Français! le jour de votre délivrance approche; le frère de votre roi arrive parmi vous ; c'est au milieu de la France qu'il vient relever l'antique bannière des lys , et vous annoncer le retour du bonheur et de la paix sous un règne protecteur des lois et de la liberté publique. Plus de tyrans , plus de guerres, plus de conscription , plus de droits réunis. Qu'à la voix de votre souverain , de votre père , vos malheurs soient effacés par l'espérance , vos erreurs par l'oubli , vos dissensions par l'union dont il veut être le gage.

« Les promesses qu'il vous renouvelle solennellement aujourd'hui , il brûle de les accomplir , et de signaler par son amour et ses bienfaits le moment fortuné qui, en lui ramenant ses sujets, va le rendre à ses enfans.

« Sire , vous avez dû savourer, dans le cours d'une vie déjà longue toutes les jouissances qu'il est donné à la puissance humaine de sentir. Tous les biens périssables de cette terre ont été à votre disposition. Il vous en reste un à acquérir, qui ne périt pas : la gloire! Un roi ne l'acquiert que par le bonheur de ses peuples.

« Sire ; il entre de l'égoïsme dans toutes les affections humaines, et chez les peuples éclairés, plus que chez les autres ; mais de l'égoïsme juste et raisonné. Sire, c'est l'ami du peuple que le peuple de la France actuelle peut désormais chérir dans son Roi.

Le peuple dit aujourd'hui à son chef : « Gouvernez dans les intérêts de tous, sans exclusion de personne et sans privilége pour aucun : l'affection générale est à ce prix. Une nation éclairée peut être reconnaissante, mais rien de plus.

« Si vos conseillers vous disaient que la France nourrit des désirs de révolution, repoussez cette calomnie. Non, le peuple français n'est plus un torrent impétueux qui, irrité des masses qu'on lui oppose, les brise et les entraîne avec rapidité dans sa course, c'est un fleuve majestueux, égal dans son cours, dont l'obstacle accroît la force à la vérité, mais qui surmonte ses digues et ne les rompt pas.

« Tel est, Sire, le cri du peuple qu'ose élever vers vous un citoyen dévoué à sa patrie et au Roi qui la rend heureuse.

CHENNECHOT

IMPRIMERIE DE SÉTIER,

COUR DES FONTAINES, N° 7, à Paris.